Novena al
ÁNIMA SOLA
Por Laila Pita

© Calli Casa Editorial, 2012
Yhacar Trust, 2025
Todos los derechos registrados. Prohibida la reproducción total o parcial de esta obra en todo su contenido: texto, dibujos, ideas e ilustraciones de portada, sin autorización por escrito.

www.solonovenas.com
#2500-529HC

HISTORIA

En tiempos antiguos, había un grupo de mujeres piadosas dedicadas a ayudar a los condenados por algún delito cometido. Como todos sabemos Jesús fue martirizado y condenado a morir crucificado. El día que fue colgado en la cruz, también se les crucificó a dos ladrones llamados: Dimas y a Gestas. A una mujer de nombre Celestina Abdégano, una de las mujeres piadosas, se le asignó la tarea de llevar un cántaro para darles de beber. Le dio agua a Dimas y a Gestas, pero a Jesús no por miedo a los judíos, a esta mujer se le condenó a andar errante por el mundo y aunque no es una santa consagrada por la iglesia católica, se le reza para pedir su intercesión para alcanzar la liberación del dolor. Muchas personas han sido beneficiadas con los milagros del Ánima Sola. Se dice que si se le hace oración concede lo que se le pide, pero a cambio la persona que es beneficiada con el favor deberá pagarlo ayudando de manera anónima a otras personas que lo necesiten, de no hacerlo perderá lo que pidió.

MILAGRO

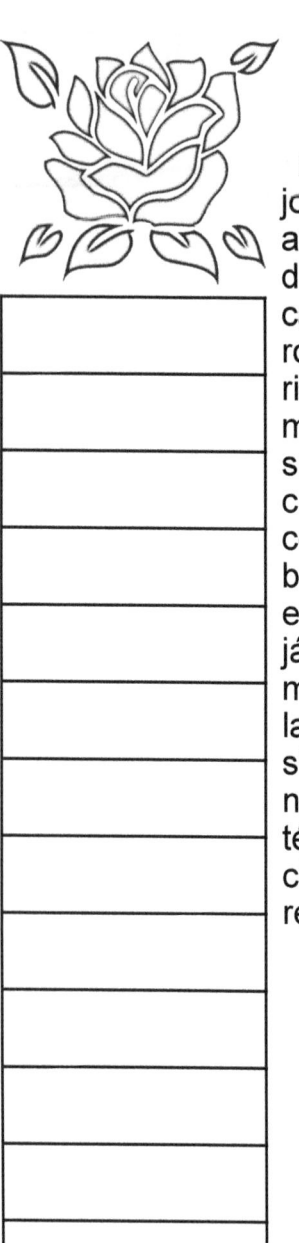

Allá por 1930, en la ciudad de Querétaro, un joven llamado Juan de 25 años de edad, se enamoró de una mujer casada con un carnicero. Ellos vivieron un romance, hasta que el marido se enteró. El carnicero montó en cólera. Junto con su hermano y armados con cuchillos que usaban para cortar la carne, fueron en busca de Juan. Cuando lo encontraron lo atacaron dejándolo tirado y creyéndolo muerto. La policía avisó a la madre, ella en el hospital, sin separarse de él rezó una novena al Ánima Sola y al término de ésta, el muchacho salió del coma y pronto recuperó la salud.

ORACIÓN DIARIA

Bendita Ánima Sola, condenada a vagar por el mundo. De igual manera me siento en este momento, porque estoy sufriendo un gran tormento y como tú ando como vagabundo. Yo te ruego me liberes de este dolor profundo, el ayudar a otros será mi juramento y de esta manera estar lleno de contento. Triste Señora escúchame por un segundo, no me dejes caer en el submundo. Tú que eres ligera como el viento, déjame ver que realmente contigo cuento.

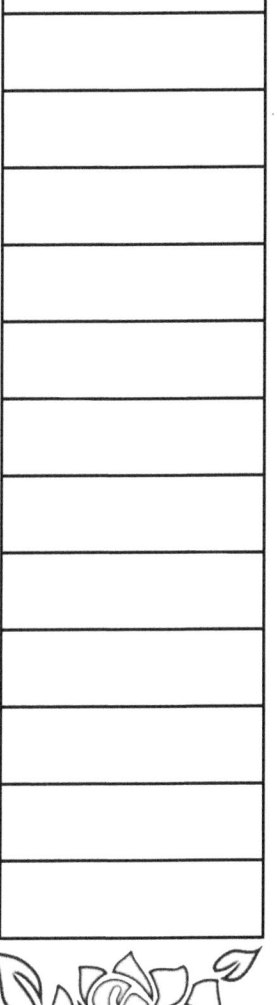

HAGA SU PETICIÓN

Querida Ánima Sola:

Aquí estoy a tus pies pidiendo ayuda. No me desampares, Ánima Sola

Te pido que me ayudes en.....
(haga su petición)

A cambio yo te prometo ayudar a mis semejantes.

Gracias por escucharme y por que yo se bien que tú enviarás ayuda a este fiel creyente.

Amén.

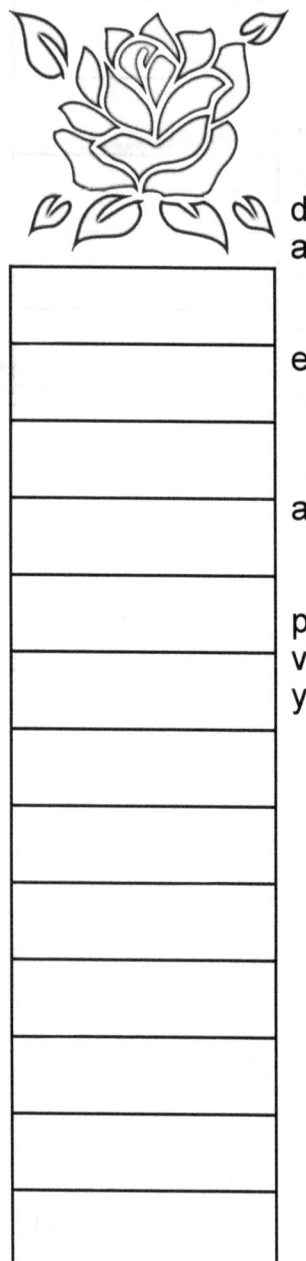

DÍA PRIMERO

Sé que tus milagros son verdaderos y que haces los dolores pasajeros. Mujer de soledades eternas, te ruego me ayudes a curar heridas internas. Quiero vivir bien con todos mis compañeros y no vernos como extranjeros, por ellos yo también haré cosas tiernas y se encienda la luz como luciérnagas, para alumbrar los senderos, que hemos de caminar los viajeros. No permitas que entre nosotros se encienda el fuego que gobiernas. Protégeme Ánima Sola para que no flaqueen mis piernas. Te brindo mis sentimientos sinceros.

Padre Nuestro, que estás en el cielo, santificado sea tu nombre; venga a nosotros tu reino; hágase tu voluntad, en la tierra como en el cielo. Danos hoy nuestro pan de cada día; perdona nuestras ofensas, como también nosotros perdonamos a los que nos ofenden; no nos dejes caer en la tentación, y

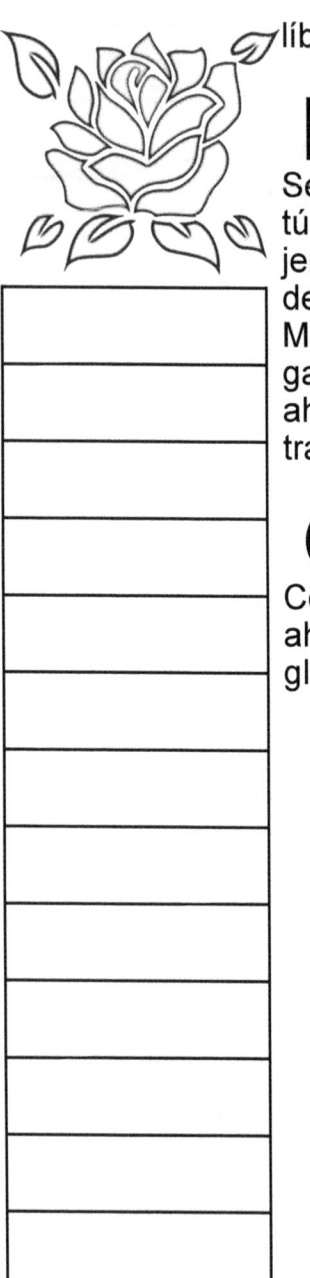

líbranos del mal. Amén.

Dios te salve, María, llena eres de gracia, el Señor es contigo. Bendita tú eres entre todas las mujeres, y bendito es el fruto de tu vientre: Jesús. Santa María, Madre de Dios, ruega por nosotros, pecadores, ahora y en la hora de nuestra muerte. Amén.

Gloria al Padre, al Hijo y al Espíritu Santo. Como era en el principio, ahora y siempre, por los siglos de los siglos. Amén.

DÍA SEGUNDO

No niegues el agua al sediento y ayúdame a librarme de este sufrimiento. Te imploro con tu encantamiento me quites esta enfermedad, que amenaza mi vida sin piedad. Alma errante que no tiene cimiento, tu presencia está en todas partes y sabes que no miento. Creo en que el poder de tu magia es verdad y con ella ayudas a toda la humanidad. Yo te llevo en mi pecho y en mi pensamiento, abierto para que des a mi salud alumbramiento.

Padre Nuestro, que estás en el cielo, santificado sea tu nombre; venga a nosotros tu reino; hágase tu voluntad, en la tierra como en el cielo. Danos hoy nuestro pan de cada día; perdona nuestras ofensas, como también nosotros perdonamos a los que nos ofenden; no nos dejes caer en la tentación, y líbranos del mal. Amén.

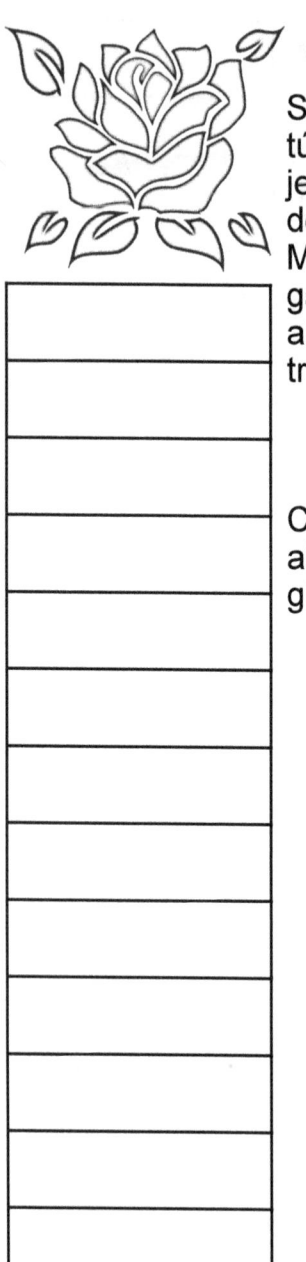

Dios te salve, María, llena eres de gracia, el Señor es contigo. Bendita tú eres entre todas las mujeres, y bendito es el fruto de tu vientre: Jesús. Santa María, Madre de Dios, ruega por nosotros, pecadores, ahora y en la hora de nuestra muerte. Amén.

Gloria al Padre, al Hijo y al Espíritu Santo. Como era en el principio, ahora y siempre, por los siglos de los siglos. Amén.

DÍA TERCERO

Celestina vagas por los aires, nube clandestina, concediendo milagros con tu luz vespertina. Te ofrezco esta novena, para que no sea larga mi espera, en este tiempo en que mi alma desespera, se derrite angustiada como trementina, grande es el dolor que me siento en la guillotina, atormenta mi cuerpo y mi espíritu lacera; cayendo en mi corazón como bala certera. Señora de media luz, eterna viajera. Sumergida en la flama danzarina, saca de mi pecho esta terrible espina.

Padre Nuestro, que estás en el cielo, santificado sea tu nombre; venga a nosotros tu reino; hágase tu voluntad, en la tierra como en el cielo. Danos hoy nuestro pan de cada día; perdona nuestras ofensas, como también nosotros perdonamos a los que nos ofenden; no nos dejes caer en la tentación, y líbranos del mal. Amén.

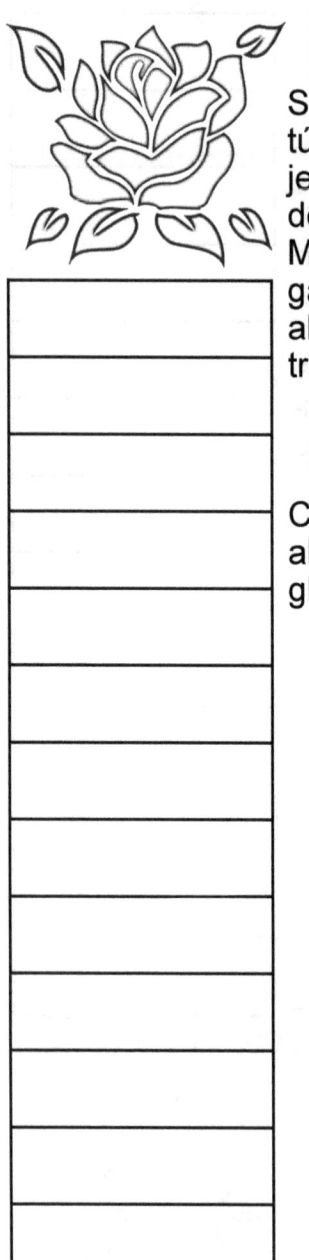

Dios te salve, María, llena eres de gracia, el Señor es contigo. Bendita tú eres entre todas las mujeres, y bendito es el fruto de tu vientre: Jesús. Santa María, Madre de Dios, ruega por nosotros, pecadores, ahora y en la hora de nuestra muerte. Amén.

Gloria al Padre, al Hijo y al Espíritu Santo. Como era en el principio, ahora y siempre, por los siglos de los siglos. Amén.

DÍA CUARTO

Ánima Sola el miedo intensificó en tu corazón los latidos, ocasionando que tus derechos fueran restringidos, condenada estás en el fuego inmenso, pero sé que tu poder es extenso. Me acerco a ti para suplicarte, me liberes de sentimientos fingidos, acosan mi bienestar como hirientes chirridos. En mi interior se incuba el temor y no pienso, hace el ambiente cada vez más tenso. Virgen transparente todos de ti fueron corridos, para que flotaras en espacios escondidos. Confío que con tu ayuda venga un mejor comienzo.

Padre Nuestro, que estás en el cielo, santificado sea tu nombre; venga a nosotros tu reino; hágase tu voluntad, en la tierra como en el cielo. Danos hoy nuestro pan de cada día; perdona nuestras ofensas, como también nosotros perdonamos a los que nos ofenden; no nos dejes caer en la tentación, y

líbranos del mal. Amén.

Dios te salve, María, llena eres de gracia, el Señor es contigo. Bendita tú eres entre todas las mujeres, y bendito es el fruto de tu vientre: Jesús. Santa María, Madre de Dios, ruega por nosotros, pecadores, ahora y en la hora de nuestra muerte. Amén.

Gloria al Padre, al Hijo y al Espíritu Santo. Como era en el principio, ahora y siempre, por los siglos de los siglos. Amén.

DÍA QUINTO

Esta novena a ti dedico, con humildad te rezo, porque estoy metido en un conflicto que me tiene preso. Te imploro Señora me saques de este letargo, confío en que tu ayuda me evitará el trago amargo. Mi devoción y mis deseos ante ti expreso, con sencillez mis culpas y mis errores confieso. Extiende tu fuerza para ayudarme con este encargo y liberes de mí este peso que ahora cargo. Sé que en esta vida todo es un proceso. Los vientos difumines este humo espeso.

Padre Nuestro, que estás en el cielo, santificado sea tu nombre; venga a nosotros tu reino; hágase tu voluntad, en la tierra como en el cielo. Danos hoy nuestro pan de cada día; perdona nuestras ofensas, como también nosotros perdonamos a los que nos ofenden; no nos dejes caer en la tentación, y líbranos del mal. Amén.

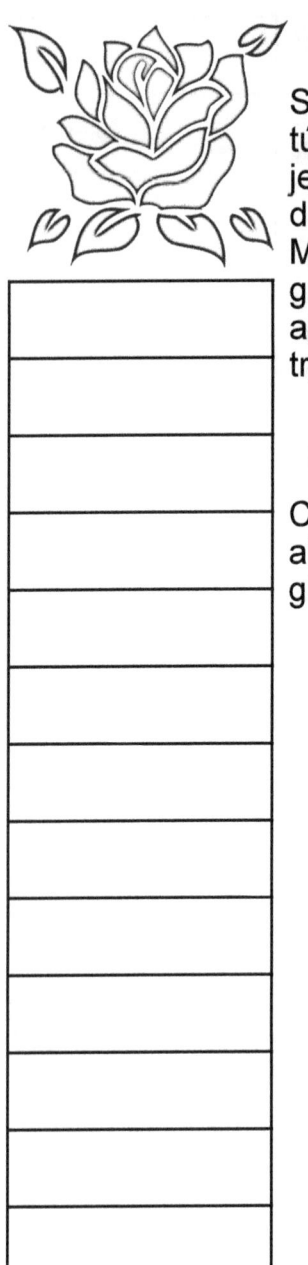

Dios te salve, María, llena eres de gracia, el Señor es contigo. Bendita tú eres entre todas las mujeres, y bendito es el fruto de tu vientre: Jesús. Santa María, Madre de Dios, ruega por nosotros, pecadores, ahora y en la hora de nuestra muerte. Amén.

Gloria al Padre, al Hijo y al Espíritu Santo. Como era en el principio, ahora y siempre, por los siglos de los siglos. Amén.

DÍA SEXTO

Ánima Sola tu mágica esencia hace que al que a ti se te acerca adquiera seguridad y conciencia. Tú que navegas los rincones secretos, haciendo milagros entre bocetos, líbrame de caer en la indigencia, que no trae nada bueno y sólo genera violencia. Venerada Señora de designios perfectos, curas dolores y corriges defectos, ayúdame a caminar por el mundo actuando con prudencia, para que no me toque el mal ni me provoque dolencia. No quiero que mis familiares sean de los villanos objetos. Te dedico esta novena presentándote mis respetos.

Padre Nuestro, que estás en el cielo, santificado sea tu nombre; venga a nosotros tu reino; hágase tu voluntad, en la tierra como en el cielo. Danos hoy nuestro pan de cada día; perdona nuestras ofensas, como también nosotros perdonamos a los que nos ofenden; no nos

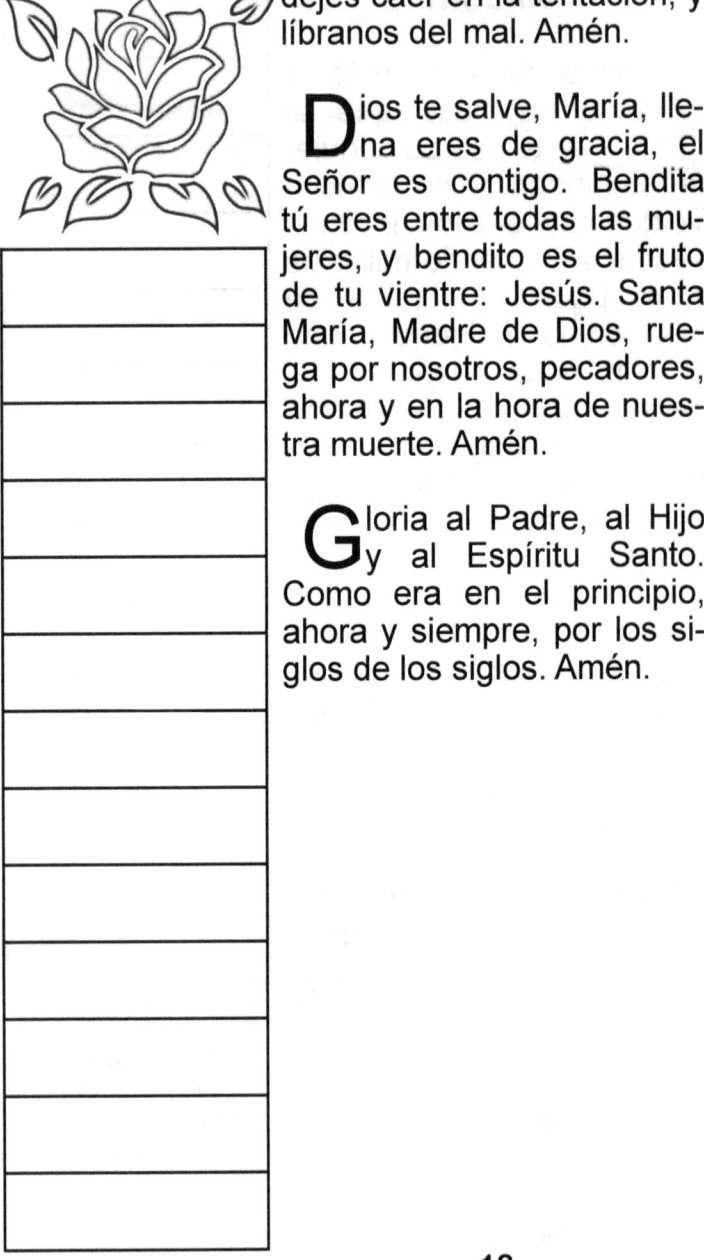

dejes caer en la tentación, y líbranos del mal. Amén.

Dios te salve, María, llena eres de gracia, el Señor es contigo. Bendita tú eres entre todas las mujeres, y bendito es el fruto de tu vientre: Jesús. Santa María, Madre de Dios, ruega por nosotros, pecadores, ahora y en la hora de nuestra muerte. Amén.

Gloria al Padre, al Hijo y al Espíritu Santo. Como era en el principio, ahora y siempre, por los siglos de los siglos. Amén.

DÍA SÉPTIMO

Celestina Abdégano revestida de llamas ardientes, protectora de espíritus dolientes, jamás tus sortilegios dejes de hacer, no sea que la bruma mis enemigos pueda esconder. Déjame ser una luz ayudando a otros seres sufrientes. Señora flor en la oscuridad a todos consientes. Permíteme entregarte esta oración, para merecer, ganarme tu gracia y el maleficio deshacer. Estoy seguro que tus bondades siempre estarán presentes, el que se acerque a ti evitará sufrir maldiciones hirientes. En medio de la oscuridad la esperanza habrá de florecer.

Padre Nuestro, que estás en el cielo, santificado sea tu nombre; venga a nosotros tu reino; hágase tu voluntad, en la tierra como en el cielo. Danos hoy nuestro pan de cada día; perdona nuestras ofensas, como también nosotros perdonamos a los que nos ofenden; no nos

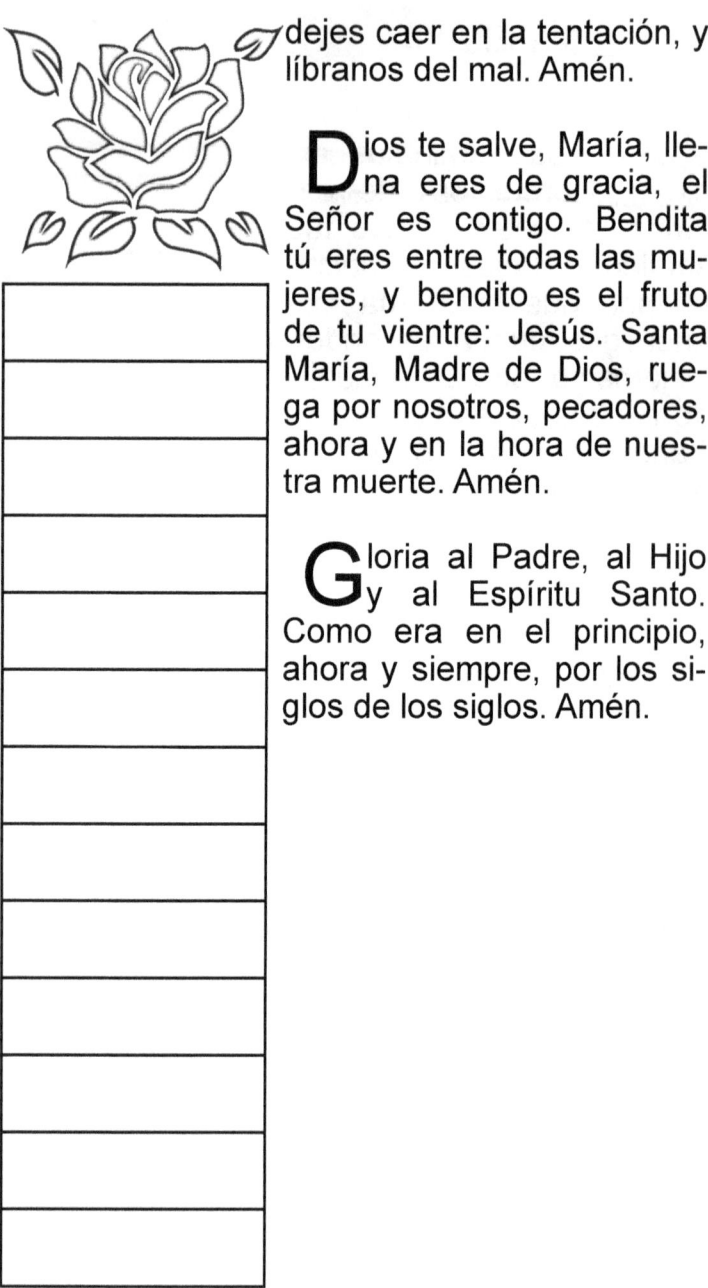

dejes caer en la tentación, y líbranos del mal. Amén.

Dios te salve, María, llena eres de gracia, el Señor es contigo. Bendita tú eres entre todas las mujeres, y bendito es el fruto de tu vientre: Jesús. Santa María, Madre de Dios, ruega por nosotros, pecadores, ahora y en la hora de nuestra muerte. Amén.

Gloria al Padre, al Hijo y al Espíritu Santo. Como era en el principio, ahora y siempre, por los siglos de los siglos. Amén.

DÍA OCTAVO

Derramas milagros por toda la tierra venerada Sacerdotisa. Vengo a ti a rogarte de una manera sumisa, a pedir te apiades de mí y me concedas una gracia. Llevo arrastrando sufrimientos desde la infancia, pero hoy en especial se me a truncado la risa, por un terrible dolor que me martiriza. Te ruego volátil Señora, me saques de esta desgracia, que resuelvas mis problemas te pido con ansia. Prometo encender una luz sobre la repisa, para que sientas su calor cuando la toque tu brisa.

Padre Nuestro, que estás en el cielo, santificado sea tu nombre; venga a nosotros tu reino; hágase tu voluntad, en la tierra como en el cielo. Danos hoy nuestro pan de cada día; perdona nuestras ofensas, como también nosotros perdonamos a los que nos ofenden; no nos dejes caer en la tentación, y líbranos del mal. Amén.

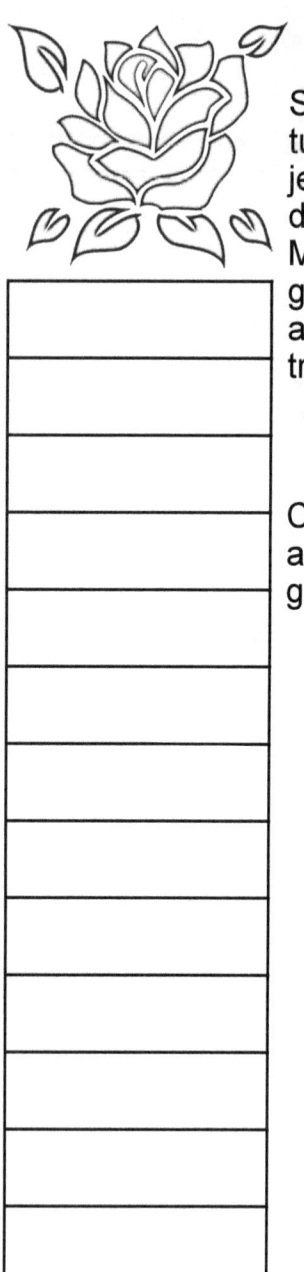

Dios te salve, María, llena eres de gracia, el Señor es contigo. Bendita tú eres entre todas las mujeres, y bendito es el fruto de tu vientre: Jesús. Santa María, Madre de Dios, ruega por nosotros, pecadores, ahora y en la hora de nuestra muerte. Amén.

Gloria al Padre, al Hijo y al Espíritu Santo. Como era en el principio, ahora y siempre, por los siglos de los siglos. Amén.

DÍA NOVENO

Aun en la oscuridad brilla tu luz en el firmamento, de todos aquellos que te llevan en el pensamiento. Tu espíritu viajero flota en los aires como ave, se posa en los corazones con movimiento suave. En este instante quiero hacer un juramento, de adorarte y respetarte sin remordimiento, por medio de tu poder, ser librado de esta situación grave, porque sé que para esto tú tienes la llave. Yo tendré presente este acontecimiento dentro de mi corazón que estará contento.

Padre Nuestro, que estás en el cielo, santificado sea tu nombre; venga a nosotros tu reino; hágase tu voluntad, en la tierra como en el cielo. Danos hoy nuestro pan de cada día; perdona nuestras ofensas, como también nosotros perdonamos a los que nos ofenden; no nos dejes caer en la tentación, y líbranos del mal. Amén.

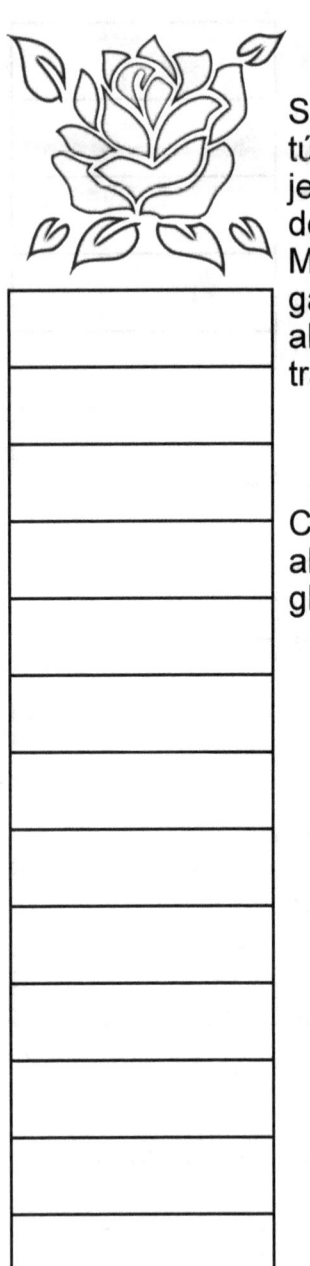

Dios te salve, María, llena eres de gracia, el Señor es contigo. Bendita tú eres entre todas las mujeres, y bendito es el fruto de tu vientre: Jesús. Santa María, Madre de Dios, ruega por nosotros, pecadores, ahora y en la hora de nuestra muerte. Amén.

Gloria al Padre, al Hijo y al Espíritu Santo. Como era en el principio, ahora y siempre, por los siglos de los siglos. Amén.

ORACIÓN FINAL

En medio del vendaval, tu esencia entra hasta mi portal. Ánima Sola sin perdón, necesito tu presencia en esta ocasión, para que saques de mi cuerpo este mal. Arde la herida de forma brutal. Necesito Señora de tu compasión. Para ayudar a otros tengo disposición. Tú en las empresas siempre sales triunfal y todos se inclinan ante tu pedestal. A través de las llamas haces tu aparición, para aliviar los dolores de aquel que pide con abnegación. Eres un ser especial.

Padre Nuestro, que estás en el cielo, santificado sea tu nombre; venga a nosotros tu reino; hágase tu voluntad, en la tierra como en el cielo. Danos hoy nuestro pan de cada día; perdona nuestras ofensas, como también nosotros perdonamos a los que nos ofenden; no nos dejes caer en la tentación, y líbranos del mal. Amén.

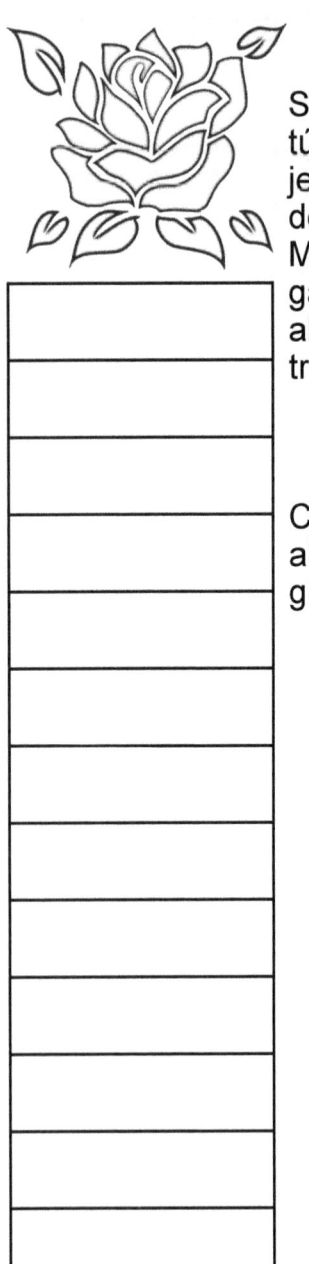

Dios te salve, María, llena eres de gracia, el Señor es contigo. Bendita tú eres entre todas las mujeres, y bendito es el fruto de tu vientre: Jesús. Santa María, Madre de Dios, ruega por nosotros, pecadores, ahora y en la hora de nuestra muerte. Amén.

Gloria al Padre, al Hijo y al Espíritu Santo. Como era en el principio, ahora y siempre, por los siglos de los siglos. Amén.

Papá Dios: que tu sabiduría nos guíe; que tu luz ilumine nuestro camino; que tu amor nos de paz; que tu poder nos proteja, y que por donde quiera que caminemos, tu presencia nos acompañe. Gracias Papá Dios que ya nos oíste. Amén.

www.ingramcontent.com/pod-product-compliance
Lightning Source LLC
Chambersburg PA
CBHW071354160426
42811CB00094B/334